C0-DXB-585